ماتياس فيدلر

فكرة موائمة العقارات المبتكرة: الوساطة العقارية بصورة سهلة

موائمة الع
قارات: الوساطة العقارية الفعالة والسهلة والاحترافية من
خلال بوابة موائمة العقارات المبتكرة

بيانات الناشر

النسخة الأولى للكتاب المطبوع | فبراير 2017
(نشر باللغة الألمانية باعتبارها اللغة الأصلية للكتاب في ديسمبر 2016)

© 2016 ماتياس فيدلر

ماتياس فيدلر
19 .Erika-von-Brockdorff-Str
41352 Korschenbroich
ألمانيا
www.matthiasfiedler.net

الإنتاج والطباعة:
أنظر الصفحة الأخيرة

تصميم الغلاف: ماتياس فيدلر
تصميم الكتاب الإلكتروني: ماتياس فيدلر

ISBN-13 (كتاب الجيب): 7-50-947184-3-978
ISBN-13 (الكتاب الإلكتروني صيغة موبي): 1-13-947082-3-978
ISBN-13 (الكتاب الإلكتروني صيغة إي-باب): 8-14-947082-3-978

المعلومات البيبلوغرافية الخاصة بالمكتبة الوطنية الألمانية:
هذا المنشور تسجله المكتبة الوطنية الألمانية في البيبلوغرافيا الوطنية الألمانية، تتوفر البيانات البيبلوغرافية بصورة تفصيلية على شبكة الإنترنت تحت العنوان الإلكتروني: http://dnb.d-nb.de.

محتوى هذا الكتاب

في هذا الكتاب يتم توضيح مفهوم ثوري لبوابة عالمية على شبكة الإنترنت لموائمة العقارات (تطبيق) مع حساب إمكانيات المبيعات الهائلة (مليارات يورو) و يمكن دمج تلك البوابة في برنامج للوسطاء العقاريين يشمل أداة للتثمين العقاري (إمكانيات بيع تصل إلى تريليون يورو).

وينتج عن ذلك تسهيل الاستخدام الشخصي أو تأجير العقارات السكنية والتجارية، أو إجراء الوساطات العقارية بصوة فعالة مع توفير الوقت. لقد حان وقت الوساطة العقارية المبتكرة و الاحترافية لجميع الوسطاء العقارين والراغبين في شراء العقارات. يمكن تشغيل موائمة العقارات تقريبًا في جميع البلدان، بل أنها أيضًا عابرة للقارات.

بدلًا من "حمل" العقار إلى المشتري أو المستؤجر، فإنه يتم في بوابة موائمة العقارات (تطبيق) تأهيل العروض لمشتري العقارات (ملفات البحث التعريفية) وموازنة وربط العقارات التي يتم عرضها من قبل وسطاء العقارات.

المحتوى

مقدمة

لقد قمت في عام 2011 بدراسة وتطوير الفكرة المطروحة هنا حول موائمة العقارات بصورة مبتكرة.

ومنذ عام 1998 وأنا أعمل في مجال العقارات التجارية (وغيرها من أعمال الوساطة العقارية، الشراء والبيع، التثمين، التأجير، والتطوير العقاري). وبالإضافة إلى ذلك فأنا مدير أعمال في سوق العقارات (غرفة الصناعة والتجارة)، وحائز على دبلومة اقتصاديات العقارات (أكاديمية اقتصاديات العقارات)، وخبير تقييم العقارات (أكاديمية دكرا) وكذلك عضو جمعية العقارات الدولية المعتمدة للمعهد الملكي للمساحين المعتمدين (MRICS).

ماتياس فيدلر

كورشنبرويش، في 31/10/2016

www.matthiasfiedler.net

1. فكرة موائمة العقارات المبتكرة: الوساطة العقارية بصورة سهلة

موائمة العقارات: الوساطة العقارية الفعالة والسهلة والاحترافية من خلال بوابة موائمة العقارات المبتكرة

بدلًا من "حمل" العقار إلى المشتري أو المستؤجر، فإنه يتم في بوابة موائمة العقارات (تطبيق) تأهيل العروض لمشتري العقارات (ملفات البحث التعريفية) وموازنة وربط العقارات التي يتم عرضها من قبل وسطاء العقارات.

2. أهداف مشتري وبائعي العقارات

بالنسبة إلى بائعي ومؤجري العقارات، فإنه من الأهمية بمكان توفر إمكانية بيع أو تأجير العقار بأسرع وقت ممكن وبأعلى سعر.

بالنسبة إلى مشتري أو مستؤجري العقارات فإنه أيضًا من الأهمية بمكان العثور على العقار وفقًا لرغباته وكذلك شراء أو تأجير العقار بسرعة ودون مشاكل.

3. الإجراءات السابقة المتبعة عند البحث عن عقارات

في العادة يبحث الراغبون في شراء أو تأجير عقار في المنطقة المفضلة لديهم من خلال استخدام بوابات البحث عن العقارات على شبكة الإنترنت. ومن خلال تلك البوابات يمكن الحصول من خلال البريد الإلكتروني على عروض العقارات أو قائمة بالروابط ذات الصلة عبر البريد الإلكتروني، وذلك في حال القيام بإنشاء ملفات بحث تعريفية مقتضبة من أجل البحث عن العروض. ويحدث ذلك في العادة في 2 إلى 3 بوابات إلكترونية للبحث عن عقارات. وعقب ذلك يتم الاتصال بمقدم العرض في المعتاد عبر البريد الإلكتروني. ومن خلال ذلك يسمح لمقدم العرض أن يتصل بالشخص الراغب في الشراء أو التأجير.

وبالإضافة إلى ذلك يقوم الراغبون في الشراء أو التأجير بالاتصال بالوسطاء في المنطقة التي يرغبونها من خلال ملفهم الشخصي.

بالنسبة إلى مقدمي العروض في بوابات العقارات الإلكترونية فإن منهم من يتعامل بصفته فرد عادي، والبعض الآخر بصفتهم أصحاب أعمال رسميين.

مقدمو العروض من أصحاب الأعمال هم في الغالب وسطاء وجزء منهم من شركات المقاولات، والسماسرة، وشركات العقارات الأخرى (في هذا النص يتم الإشارة إلى أصحاب الأعمال بكلمة وسطاء).

4. عيوب مقدمي العروض من الأفراد العاديين / مزايا الوسطاء

عند شراء العقارات، فإنه ليس مضمونًا دائمًا البيع الفوري من جانب البائعين من الأفراد العاديين، لأن على سبيل المثال في حالات العقارات الموروثة لا يتوفر الاتفاق بين الورثة أو لا يتواجد شهادة لحصر الإرث. وقد تكون الأسباب الأخرى متعلقة بمسائل قانونية لم يتم حسمها، على سبيل المثال القوانين المتعلقة بحق السكن، والتي من شأنها تعقيد عملية البيع.

في حالات تأجير العقارات قد يحدث أن المؤجرين من الأشخاص العاديين لا يملكون التراخيص القانونية اللازمة، مثال على ذلك عند الرغبة في تأجير عقار مخصص للأغراض التجارية على أنه سكن عادي.

عندما يكون مقدم العرض وسيط محترف فإنه في العادة يكون قد أنجز النقاط السابق ذكرها. علاوة إلى ذلك فإنه يكون متوفر لديه في أغلب الأحوال جميع الوثائق المتصلة بالعقار (مخطط العقار، خريطة الموقع، بطاقة صرف الطاقة، تسجيل قطعة الأرض، الوثائق الرسمية من الدولة،

إلخ). ـ وعليه فإن هذا من شأنه تسريع عملية البيع أو التأجير وبدون تعقيدات.

5. موائمة العقارات

لتحقيق موائمة سريعة وفعالة بين الراغبين في الشراء وبين البائعين أو المؤجرين، فإنه من المهم بشكل عام تقديم وسيلة منظمة وتتمتع بالاحترافية.

وهذا يتم من خلال وجود إجراء تبادلي موجه عند البحث والعثور على الطلب بين الوسطاء والراغبين في الشراء. مما يعني بدلًا من "حمل" العقار إلى المشتري أو المستؤجر، فإنه يتم في بوابة موائمة العقارات (تطبيق) تأهيل العروض لمشتري العقارات (ملفات البحث التعريفية) وموازنة وربط العقارات التي يتم عرضها من قبل وسطاء العقارات.

الخطوة الأولى يقوم الراغبون في الشراء بإنشاء ملف تعريفي واضح للبحث في بوابة الموائمة على شبكة الإنترنت. ويشمل الملف التعريفي هذا حوالي 20 خاصية. من بين تلك الخصائص هو ما سيتم سرده الآن (ليست قائمة كاملة) وهي الخصائص التي تعتبر هامة في كل ملف تعريفي عند البحث:

- المنطقة/ الرقم البريدي / المحافظة
- نوع العقار
- مساحة قطعة الأرض
- مساحة مكان السكن
- سعر الشراء/ التأجير
- عام البناء
- الطابق
- عدد الغرف
- يتم تأجيرها (نعم/لا)
- يوجد قبو (نعم/لا)
- يوجد شرفة (نعم/لا)
- نوع التدفئة
- يوجد موقف للسيارات (نعم/لا)

من المهم هنا عدم توفير إمكانية الإدخال الحر للخصائص، بل اختيار الخاصية من قائمة تشمل الإمكانيات/الخيارات (على سبيل المثال لدى نوع العقار: شقة، بيت عائلي، مخزن، مكتب...) وذلك من خلال النقر أو فتح الحقل المخصص للخاصية (كما هنا في مثال نوع العقار).

ويمكن هنا أن يتم توفير الإمكانية لراغبي الشراء في إنشاء ملفات تعريفية أخرى للبحث. كما أنه يتاح تعديل الملف التعريفي.

وعلاوة إلى ذلك يقوم الراغبون في الشراء بإدخال بيانات الاتصال كاملًا في الحقول المخصصة لذلك. وهذه تكون اسم العائلة، الاسم الأول، الشارع، رقم البيت، الرقم البريدي، المنطقة، الهاتف، والبريد الإلكتروني.
من خلال ذلك يمنح الراغبون في الشراء الوسطاء موافقتهم في الاتصال بهم وإرسال معلومات (ملخص للعرض) عن العقار المناسب.

علاوة إلى ذلك يبرم الراغبون في الشراء عقدًا مع القائم على تشغيل بوابة الموائمة على شبكة الإنترنت.

في الخطوة التالية تتاح ملفات التعريف للوسطاء المنضمين إلى بوابة الموائمة، والذين لا يمكن رؤيتهم حتى الآن، عبر برمجة واجهة التطبيقات (API – Application Programming Interface) - يمكن مقارنتها على

سبيل المثال ببرمجة واجهة التطبيقات „openimmo“ في ألمانيا. يجدر بالإشارة هنا إلى أنه ينبغي على برمجة واجهة التطبيقات - بمثابة المفتاح للتنفيذ - أن تعمل إلى حد كبير على دعم كل برامج الوسطاء العقاريين الموجودة في حيز التشغيل أو أنها تضمن انتقال التنفيذ إلى برنامج آخر. وإذا لم يتوفر ذلك، فإنه لابد من العمل على توفر ذلك من الناحية التقنية. - وحيث أنه تتواجد بالفعل برمجيات واجهة التطبيقات، مثل „openimmo“ والتي سبق أن ذكرناه عاليه، وأيضًا غيرها من برمجيات واجهة التطبيقات الأخرى، فإن ذلك يعني أن عملية نقل ملفات البحث التعريفية أمر ممكن.

والآن يقوم الوسطاء بمقارنة العقارات المتوفرة لديهم والتي يرغبون في الوساطة ببيعها أو تأجيرها مع ملفات البحث التعريفية. ولهذا يتم مشاركة العقارات في بوابة الموائمة على شبكة الإنترنت و موازناتها ودربطها مع كل خاصية ذات صلة.

وينتج عن تنفيذ تلك الموازنة مطابقة للبيانات المناسبة بالنسبة المئوية. - ابتداء من نسبة مطابقة معينة، على سبيل

المثال، 50% يمكن رؤية ملفات البحث التعريفية في برنامج الوسطاء العقاريين.

يتم هنا مقارنة كل خاصية على حدة مع الخصائص الأخرى (نظام النقاط)، بحيث ينتج عن ذلك بعد تنفيذ الموازنة بين الخصائص نسبة مئوية للمطابقة (احتماليات المطابقة). - على سبيل المثال الخاصية "نوع العقار" تم ترجيحها لتكون أعلى من الخاصية "مساحة الشقة". بالإضافة إلى ذلك يمكن اختيار خصائص معينة (مثلًا القبو)، والتي لابد أن تكون متوفرة في العقار الذي يتم البحث عنه.

في إطار الموازنة بين الخصائص للوصول إلى المطابقة، فإنه لابد هنا مراعاة أن يتم منح الوسطاء فقط إمكانية الوصول إلى المناطق التي يرغبونها (يحجزونها). وهذا يقلل الجهد المبذول في المطابقة بين البيانات. ولاسيما أن الوسطاء يعملون في الغالب على المستوى الإقليمي. - ويجدر بالإشارة هنا أنه من خلال ما يسمى "بالحوسبة السحابية" أصبح بمقدورنا في يومنا هذا حفظ ومعالجة الكميات الكبيرة من البيانات.

من أجل ضمان وساطة عقارية تعمل في إطار من الاحترافية، فإن الوسطاء هم فقط من يحصلون على إمكانية الوصول إلى ملفات البحث التعريفية.

ولهذا يبرم الوسطاء عقدًا مع القائمين على تشغيل بوابة الموائمة على شبكة الإنترنت.

بعد كل مطابقة/موازنة يسمح للوسطاء بالتواصل مع الراغبين في الشراء، كما يسمح للراغبين في الشراء بالتواصل مع الوسطاء. وهذا يعني أيضًا أنه عند إرسال الوسطاء ملخص للعرض إلى الراغبين في الشراء، فأنه يتم توثيق تقرير عن النشاط أو حق الوسيط في عمولة الوساطة حال إتمام صفقة البيع أو التأجير.

وهذا يفترض أن الوسيط قد تم تكليفه من قبل المالك (بائع أو مؤجر) بأن يقوم بالوساطة في العقار، أو أنه يتوفر التفاهم على السماح للوسيط بأن يقوم بالوساطة في العرض.

6. مجالات الاستخدام

يمكن استخدام موائمة العقارات المذكورة هنا في أغراض شراء وتأجير العقارات سواء في قطاع العقارات السكنية أو التجارية. بالنسبة إلى العقارات التجارية فإنه يستلزم وجود خصائص عقارية إضافية.

يمكن على صفحة الراغبين في الشراء أن يتواجد وسيط، كما هو الحال في الممارسات التقليدية، وذلك إذا كان هذا الوسيط على سبيل المثال يعمل بالنيابة عن العملاء.

وبالنظر إلى المكان يمكن نقل بوابة الموائمة تقريبا إلى كل بلد.

7. المزايا

تقدم موائمة العقارات مزايا كبيرة للراغبين في الشراء، وذلك إذا كان هؤلاء بصدد البحث عن عقار في منطقة سكنهم أو في مدينة/منطقة أخرى عند التبديل الوظيفي على سبيل المثال.

وهؤلاء يقومون بانشاء ملفات البحث التعريفية فقط لمرة واحدة، ليشرعوا في الحصول على عروض العقارات المناسبة في المناطق التي يرغبونها والتي يرسلها إليهم الوسطاء.

ويوفر هذا أيضًا للوسطاء مزايا كبيرة فيما يتعلق بالفاعلية وتوفير الوقت عند تنفيذ البيع أو التأجير.

وهم يتلقون على الفور نظرة عامة حول إلى أي مدى تصل نسبة الرغبة في التجاوب مع عروضهم من قبل فئة محددة من الراغبين في الشراء.

علاوة إلى ذلك يتمكن الوسطاء من مخاطبة الفئات المستهدفة ذات الصلة بعروضهم بصورة مباشرة، والذين قد قاموا من خلال ملفات البحث التعريفية الخاصة بهم بنشر

صورة واضحة عن العقار الذي يرغبونه (من ذلك إرسال ملخص عرض عن العقار).

ومن خلال ذلك ترتفع جودة الاتصال مع الراغبين في الشراء والذين هم على دراية بالعروض التي يبحثونها. ومن ثم تقل عدد مواعيد المعاينات المتلاحقة. ـ ومن ثم ينخفض مجموع المدة الزمنية الخاصة بتسويق العقار الذي يتم التوسط من أجله.

وبعد معاينة العقار الذي تم التوسط من أجله من قبل الراغب في الشراء يتم ـ كما هو معتاد ـ إتمام عقد الشراء أو الإيجار.

8. مثال للحساب (إمكانات المبيعات) - فقط للشقق والبيوت والعقارات التجارية ذات الملكية الخاصة

في المثال التالي يتم توضيح ما هي إمكانات مبيعات بوابة موائمة العقارات على شبكة الإنترنت.

في منطقة مستجمع مائي يقدر عدد سكانها بـ 250.000 نسمة، كما هو الحال في مدينة مونشنغلادباخ، يوجد حسب الاحصائيات حوالي 125.000 بيتًا (ساكنان لكل بيت). يبلغ متوسط الانتقال إلى سكن آخر حوالي 10%. ومن ثم ينتقل 12500 بيتًا للعيش في مكان آخر. - لم يتم هنا الأخذ في الاعتبار النسبة بين الانتقال إلى مدينة مونشنغلادباخ والهجرة منها. - من بين ذلك يبحث حوالي 10000 بيتًا (80%) عقارًا للإيجار وحوالي 2500 بيتًا (20%) عقارًا للتمليك.

ووفقا لتقرير سوق العقارات الذي أصدرته لجنة خبراء مدينة مونشنغلادباخ، فإنه في عام 2012 كان ثمة 2613 حالة شراء للعقارات. - وهذا يثبت العدد المذكور سابقًا بوجود 2500 راغبًا في الشراء. وسيتزايد حقيقة العدد، لأن على سبيل لا يعثر كل راغب في الشراء على العقار الذي

يريده. وعلى سبيل التقدير سيتضاعف عدد الراغبين الفعليين في الشراء أو بتعبير أدق عدد ملفات البحث التعريفية، وذلك كما هو عليه في متوسط نسبة الانتقال إلى سكن آخر الذي يبلغ قيمته 10%، مما يعني 25000 ملفًا تعريفيًا للبحث. ويشمل هذا من ضمن ما يشمله قيام الراغبين في الشراء بإنشاء أكثر من ملف تعريفي للبحث في بوابة موائمة العقارات على شبكة الإنترنت.

يجدر بالذكر أيضًا أن التجربة أظهرت حتى الآن أن حوالي نصف عدد الراغبين في الشراء (المشترين والمستأجرين) قد عثروا على عقاراتهم من خلال وسيط، حيث يكون الإجمالي 6250 بيتًا.
ولكن قام على الأقل 70% من البيوت وفقًا للتجربة بالبحث عن العقارات ياستخدام بوابات العقارات على شبكة الإنترنت، حيث يكون الإجمالي 8750 بيتًا (ما يعادل 17500 ملفًا للبحث التعريفي).

وإذا قام 30% من الراغبين في الشراء، مما يعني 3750 بيتًا (ما يعادل 7500 ملفًا تعريفيًا للبحث)، بالانتقال إلى

مدينة مثل مونشنغلادباخ وإنشاء ملف شخصي لدى بوابة موائمة العقارات على شبكة الإنترنت (تطبيق)، فإنه من الممكن أن يقوم الوسطاء بتقديم عروضهم إلى الراغبين في الشراء من خلال التوجه إلى 1500 ملفًا تعريفي للبحث (20%) في العام الواحد، والأمر نفسه في حالة الراغبين في التأجير من خلال التوجه إلى 6000 ملفًا تعريفي للبحث (80%) في العام الواحد.

وهذا يعني، أنه بمتوسط زمن بحث قدره 10 شهور وبسعر نموذجي يصل إلى 50 يورو للشهر الواحد لكل ملف تعريفي للبحث يتم إنشاؤه من قبل الراغبين في الشراء يكون الناتج لـ 7500 ملفًا تعريفيًا للبحث إمكانية مبيعات تصل إلى 3.750.000 يورو للعام الواحد في مدينة يقدر عدد سكانها بـ 250.000 نسمة.

وبتوسيع نطاق الحساب إلى كامل جمهورية ألمانيا الاتحادية حيث يعيش هناك حوالي 80.000.000 (80 مليون) نسمة تصبح إمكانية المبيعات 1.200.000.000 يورو (1.2 مليار يورو) في العام الواحد. – وإذا ارتفعت النسبة من 30% من مجموع الراغبين في الشراء على سبيل المثال إلى 40% والذين يقومون بالبحث عن العقارات

باستخدام بوابة موائمة العقارات على شبكة الإنترنت، فإنه ترتفع حصيلة إمكانية المبيعات إلى 1.600.000.000 يورو (1.6 مليار يورو) خلال العام الواحد. .

وتنطبق إمكانية المبيعات هذه فقط على الشقق والبيوت ذات الملكية الخاصة. لا يتضمن حساب إمكانية المبيعات عقارات الإيجار أو العقارات ذات العوائد في القطاع السكني، كما أنه لا يتضمن كامل قطاع العقارات التجاري.

من خلال حوالي 50.000 شركة في ألمانيا في مجال وساطة العقارات (بما في ذلك شركات البناء المشاركة، وتجار العقارات، وشركات العقارات الأخرى) والتي تضم حوالي 200.000 موظفًا وبافتراض حصة مثالية بقيام 20% من مجموع الـ 50.000 شركة باستخدام بوابة موائمة العقارات بمعدل ترخيصين، فأنه ينتج عن ذلك بافتراض دفع كل شركة لسعر نموذجي قيمته 300 يورو في الشهر الواحد لكل ترخيص، إمكانية مبيعات قدرها 72.000.000 (72 مليون يورو) للعام الواحد . علاوة إلى ذلك ينبغي أن يتم حجز أقليمي لملفات البحث التعريفية

المحلية، بحيث يمكن هنا على حسب التصميم توليد أمكانيات مبيعات أخرى ذات عوائد كبيرة للغاية.

لن يكون من الواجب على الوسطاء من خلال الإمكانيات الكبيرة هذه للراغبين في الشراء ذوي ملفات البحث التعريفية تحديث قاعدة البيانات للراغبين في الشراء - في حال توفر ذلك - بشكل دائم. ولاسيما مع وجود احتمالية كبيرة على تزايد عدد ملفات البحث التعريفية الموجودة لدى الوسطاء في قاعدة بياناتهم.

إذا تم استخدام بوابة الموائمة المبتكرة في أكثر من بلد، فإنه من الممكن للراغبين في الشراء، على سبيل المثال من ألمانيا، القيام بإنشاء ملفات تعريفية للبحث عن شقق لقضاء العطلة في جزيرة مايوركا على البحر المتوسط (أسبانيا)، ويقوم الوسطاء المنضمين إلى بوابة الموائمة في مايوركا بتقديم العروض حول شقق العطلات المناسبة إلى الراغبين في الشراء من ألمانيا. - إذا تم كتابة العروض باللغة الأسبانية، فإنه يمكن وبفضل برامج الترجمة المتوفرة على شبكة الإنترنت في يومنا هذا، ترجمة النص الأسباني إلى الألمانية في وقت قصير.

من أجل تحقيق مطابقة ملفات البحث التعريفية مع العقارات التي تم التوسط لعرضها بلغة مختلفة، يمكن في بوابة الموائمة أن يتم القيام بالموازنة لكل خاصية على حدة على أساس الخصائص المبرمجة (حسابيًا) ـ بعيدًا عن اللغة ـ ثم يتم لاحقًا تعيين تلك اللغة المحددة.

عند استخدام بوابة الموائمة في جميع القارات فإنه يمكن عرض إمكانية المبيعات السابق ذكرها (فقط الراغبين في البحث) من خلال الاستقراء المبسط التالي:

عدد سكان العالم:
7,500,000,000 (7.5 مليار) نسمة

1. عدد السكان في الدول الصناعية إلى أبعد حد ممكن:
2,000,000,000 (2.0 مليار) نسمة

2. عدد السكان في الدول الناشئة:

4,000,000,000 (4.0 مليار) نسمة

3. عدد السكان في الدول النامية:

1,500,000,000 (1.5 مليار) نسمة

إمكانيات المبيعات السنوية لجمهورية ألمانيا الاتحادية المقدرة بـ 1.2 مليار يور لإجمالي عدد سكان يصل إلى 80 مليوون نسمة يتم تحويلها أو استقراءها من خلال العوامل المفترضة التالية بالنسبة إلى البلدان الصناعية، والناشئة، و النامية.

1. البلدان الصناعية: 1,0

2. البلدان الناشئة: 0,4

3. البلدان النامية: 0,1

ومن ثم تنتج إمكانية المبيعات التالية خلال العام الواحد (1,2 مليار يورو x سكان (بلدان صناعية، أو ناشئة، أو نامية) / 80 مليون نسمة x العامل).

1. البلدان الصناعية: 30.00 مليار يورو

2. البلدان الناشئة: 24.00 مليار يورو

3. البلدان النامية: 2.25 مليار يورو

الإجمالي: **56.25 مليار يورو**

9. الخلاصة

تتضح مزايا هامة من خلال عرض فكرة بوابة موائمة العقارات على شبكة الإنترنت لكل من الباحثين عن عقارات (الراغبين في الشراء) والوسطاء.

1. يقل زمن البحث عن العقار المناسب لدى الراغبين في الشراء بشكل واضح لأنهم سوف يقومون بإنشاء ملفات البحث التعريفية لمرة واحدة فقط.

2. سوف يحصل الوسطاء على نظرة عامة حول عدد الراغبين في الشراء والذين يكون لديهم بالفعل رغبات واضحة (ملفات البحث التعريفية).

3. يحصل الراغبون في الشراء فقط على عروض العقار المطلوب أو المناسب (حسب ملفات البحث التعريفية) من قبل الوسطاء (شبه اختيار أولي تلقائي).

4. يقلل الوسطاء جهدهم بشأن العناية بقاعدة بياناتهم الفردية لملفات البحث التعريفية، لأن أعداد كبيرة من ملفات البحث التعريفية الجارية ستظل متاحة بشكل دائم.

5. ولأن فقط مقدمي العروض المتاح لهم الانضمام إلى بوابة الموائمة سيكونون من العاملين في مجال الوساطة في العقارات / الوسطاء المحترفين، فإن الراغبين في الشراء سيكون لديهم فرصة التعامل مع وسطاء محترفين والأكثر خبرة.

6. سينخفض لدى الوسطاء عدد مرات المعاينة والفترة الزمنية للتسويق. وفي المقابل ستقل أيضًا في جانب الراغبين في الشراء عدد مرات المعاينة والفترة الزمنية إلى إتمام عقد البيع أو الإيجار.

7. ويوفر أيضًا ذوو الأملاك الوقت المتعلق ببيع أو تأجير العقار. علاوة إلى ذلك انخفاض معدل أماكن الإيجار الشاغرة وتوفر شراء مبكر لعقارات التمليك من خلال تأجير أو بيع سريع، مما يعني مزايا مالية.

من خلال تحقيق أو تنفيذ هذه فكرة موائمة العقارات يمكن استهداف خطوة هامة في عالم وساطة العقارات.

10. ربط بوابة الموائمة مع برامج الوسطاء العقاريين بما في ذلك تثمين العقارات

من أجل إتمام التنفيذ يمكن أو ينبغي أن تكون بوابة الموائمة المشروحة هنا ومنذ البداية جزء هام من برنامج وسطاء عقاريين جديد - سيكون مثاليًا إذا أمكن استخدامه في العالم كله. مما يعني أن الوسطاء العقاريين يمكنهم إما استخدام بوابة الموائمة إضافة إلى برنامج الوسطاء العقاريين الذي يستخدمونه، أو على وجه مثالي برنامج الوسطاء العقاريين الجديد والذي يشمل بوابة الموائمة.

من خلال دمج بوابة الموائمة الفعالة والمبتكرة في برنامج للوسطاء العقاريين الخاص سيتم إنشاء خصائص عامة أساسية يتم إعداها لبرنامج الوسطاء العقاريين، والذي سيكون مهمًا لاختراق السوق.

ولأن في مجال الوساطة العقارية يعتبر التثمين العقاري جزءًا هامًا، فإن برنامج الوسطاء العقاريين لابد من أن يحتوي على أداة لتثمين العقارات مدمجة به. يمكن السماح للتثمين العقاري من خلال الطرق الحسابية الملائمة الوصول إلى البيانات / المعلمات ذات الصلة المرتبطة

بعقارات الوسطاء التي تم إدخال / إنشاء بياناتها. إذا اقتضت الضرورة يقوم الوسطاء باستكمال المعلمات الناقصة من خلال خبراتهم الإقليمية في السوق.

علاوة إلى ذلك ينبغي أن يمنح برنامج الوسطاء العقاريين إمكانية إدماج ما يسمى بدورات العقارات الافتراضية للعقارات التي يتم وساطتها. هذه يمكن على سبيل المثال استنتاجًا لذلك استخدامه بشكل مبسط من خلال تطوير تطبيق إضافي للهاتف الجوال و/ أو للحاسوب اللوحي، والذي يقوم بإدماج أو ربط دورة العقارات الافتراضية التي تم استقبالها في برنامج الوسطاء العقاريين.

وبمجرد إدماج بوابة الموائمة الفعالة والمبتكرة في برنامج الوسطاء العقاريين جديد مع تثمين العقارت، فإن إمكانية المبيعات سوف ترتفع مرة أخرى بشكل واضح.

ماتياس فيدلر ، كورشنبرويش

في 31/10/2016

ماتياس فيدلر

19. Erika-von-Brockdorff-Str

41352 Korschenbroich

ألمانيا

www.matthiasfiedler.net

www.ingramcontent.com/pod-product-compliance
Lightning Source LLC
Chambersburg PA
CBHW071531210326
41597CB00018B/2961